WEG ZUM FINANZIELLEN ERFOLG

WEG ZUM FINANZIELLEN ERFOLG

# WEG ZUM FINANZIELLEN ERFOLG

 WEG ZUM FINANZIELLEN ERFOLG

Inhalt

Auftakt

WIR STARTEN ...

Die 5 Prinzipien, um Wohlstand freizuschalten

Kann es nie passieren?

Reichtum jagen

Ist dir das passiert?

Die Leiter zum Erfolg

Formel für den Erfolg

Die grundlegenden Schritte

Schritte zum persönlichen Wohlstand

Sein Ziel erreichen

Der Schlüssel zum Erfolg

Die Kraft der Gedanken

Faktoren, die Trägheit verursachen

 WEG ZUM FINANZIELLEN ERFOLG

Der Risikofaktor

Was man vermeiden sollte

Die unvermeidlichen Fehler

Das Gesetz des Erfolgs

Zeit zu lernen, wer du bist

Das Bedürfnis nach Veränderung

Fehler verstehen

Das Endziel

Wegbereiter für den Erfolg

Das Gesetz des Wohlstands

Die Macht der Worte

Die Kraft der bedingungslosen Liebe

Letzte Gefühle

Auftakt

Dieses Buch ist auf die Bedürfnisse von Menschen ausgerichtet, die größere Höhen erreichen wollen, indem sie sehr einfache, aber wirkungsvolle Konzepte umsetzen, die das Potenzial haben, ihr Leben vollständig zu verändern.

Es soll kein Buch sein, das auf hypothetischen Forschungen oder einer philosophischen Abhandlung basiert, sondern ein Buch, das Informationen aufdeckt, die einen dauerhaften Anreiz zur Freisetzung der inneren Ressourcen von Kraft und Willensdynamik bringen.

Tatsächlich handelt es sich um eine Zusammenstellung von Fakten, die in einfachem, profanem Englisch präsentiert werden und Informationen enthalten, die Ihnen immense Freude und Erfolg in Ihrem Leben bringen werden.

Sie umfasst tiefe und dynamische Wahrheiten, die in wenigen kraftvollen Worten vermittelt werden und ein erneuertes Bewusstsein für unsere grenzenlosen latenten inneren Ressourcen entzünden, die darauf warten, ins Freie zu treten. Es umfasst praktische Ausdrucksformen, die das Potenzial haben, Erfolg, Gesundheit, Wohlstand und dauerhaftes Glück zu bringen.

 WEG ZUM FINANZIELLEN ERFOLG

Wir starten...

Einer der am schwierigsten zu versöhnenden Punkte im Leben ist das Paradoxon, dass es in dieser Welt Leid gibt. Das Leiden ist eminent.

Natürlich ist es ebenso wichtig zu erkennen, dass der Erwerb und Besitz von Reichtum kein Herrscher ist, der das eigene Glück misst. Wenn Freude tatsächlich in den Materialien zu finden wäre, dann würden alle diejenigen, die ihre "Emotion" beim Kontakt mit dem Objekt erleben, das gleiche Maß an Freude beobachten.

Im Leben werden Männer ständig von zwei unvermeidlichen Abstoßungsimpulsen motiviert: von Schmerz und Angst bis hin zur Suche nach Freude und absoluter

Erfüllung. Auf der Suche nach dem Glück ist er gezwungen, dem Angenehmen und Angenehmen hinterherzulaufen, während er, wenn er mit dem Gegenteil konfrontiert wird, unerwünschte Gegenstände und eine unangenehme Umgebung meidet.

Tatsache ist: Im Laufe der Geschichte haben alle, die bewusst oder unbewusst Erfolge erzielt haben, fünf Prinzipien angewandt, die dem absoluten Fortschritt in allen Aspekten des Lebens gemeinsam sind.

Die 5 Prinzipien, um Wohlstand freizuschalten

Diese Prinzipien sind der Schlüssel zur Erschließung des unglaublichen Reservoirs an Reichtum, Überfluss und Erfolg. Sie alle konzentrieren sich auf unsere wahren angeborenen Qualitäten, die in der Tat universell und spirituell begründet sind. Diese Grundsätze sind:

- Die Wahrheit
- Justiz
- Frieden
- Liebe
- Gewaltlosigkeit

Die Ausübung dieser Tugenden wird es jedem ermöglichen, ohne jeden Zweifel im Leben voranzukommen.

Der Grund dafür ist einfach.

Diese universellen Prinzipien sind alle attraktiv und bilden natürlich die Eckpfeiler des Ethik-Kodex. Man kann nichts falsch machen, wenn man in seinem Streben nach Reichtum die Bedeutung von moralischen Werten, Verhaltenskodizes und die Befolgung des Naturgesetzes praktiziert.

Auf den folgenden Seiten werden Sie das Ziel entdecken, finanzielle Freiheit zu erreichen und gleichzeitig die perfekte Kunst des Glücks zu erlernen, indem Sie verstehen, dass das Maß des Glücks nicht "direkt" proportional zum gerechten Geldwert des Reichtums ist.

Dieses prägnante, genaue und unkomplizierte Manuskript zeigt Wege auf, die Ihr Leben definitiv zum Besseren verändern werden.

Im Gegensatz zu vielen anderen Büchern zum gleichen Thema befasst sich dieses Manuskript mit Themenbereichen, die für Aspekte Ihres persönlichen Lebens und Ihres Wachstums relevant sind und die Ihnen garantiert wieder ein Lächeln ins Gesicht zaubern werden. Es ist ein klares, fokussiertes und vor allem lesbares Buch, das Ihnen gefallen wird.

Kann es nie passieren?

Während uns der Pessimismus vor den Gefahren warnt, die vor unseren Augen lauern, kann Optimismus zu falscher Sicherheit führen. Pessimismus sollte in jeder Situation nur als ein anfängliches und nicht als endgültiges Dilemma betrachtet werden - dies ist der erste Schritt zum Erfolg.

Immer wieder sind wir beunruhigenden Situationen ausgesetzt gewesen, und tief in uns selbst werden wir uns der potentiellen Gefahren und Risiken um uns herum bewusst, und die Stimme lehnt diese bedrohliche Situation, mit der wir konfrontiert sind, als solche kategorisch ab, denn wir erkennen diese Stimme nicht, unser mentales Festhalten an der Außenwelt bringt uns von der inneren Stimme der

WAHRHEIT weg, die uns sozusagen völlig aus der Bahn wirft.

Der zweite Schritt zu Erfolg und Reichtum besteht darin, sich von der Bedeutung von Selbstkontrolle, Selbstbewusstsein und Selbstdisziplin zu überzeugen.

Wir müssen auf die innere Stimme hören und die Existenz der angeborenen Kraft oder des Dynamischen Willens erkennen - die mächtige Kraft, die sie durch Geist, Körper und Intellekt zum Ausdruck bringt! Daher qualifiziert Sie der zweite Schritt dazu, Glauben nicht nur an das zu entwickeln, was Sie tun und erreichen können, sondern vor allem an die Entwicklung des Glaubens an sich selbst (Ihre angeborenen, angeborenen und latenten Qualitäten).

Der dritte Schritt erfordert, dass Sie durch ständige Wachsamkeit, den Einsatz der Kraft der Intelligenz, der Selbstanalyse und der

Introspektion sowie durch das Verstehen und den sorgfältigen Gebrauch dieser Konzepte lernen können, über die Anforderungen des Verstandes hinaus zu leben, in welcher Umgebung auch immer Sie sich befinden - dies wird Sie befähigen, den Weg zum Reichtum zu beschreiten und ihn zu beschreiten.

So etwas wie ein kostenloses Mittagessen gibt es nicht. Wenn Sie es hassen, irgendeine Arbeit/Bemühung zu tun, aber den Erfolg lieben, werden Sie Ihre Ansichten überdenken müssen.

Um Letzteres zu erreichen, muss man also Ersteres tun, und die vernünftige Idee ist, herauszufinden, was einem wirklich Freude bereitet, und dann herauszufinden, ob man damit Geld verdienen kann.

"Wenn Sie nicht beginnen, werden Sie keinen Erfolg haben."

WEG ZUM FINANZIELLEN ERFOLG

Reichtum jagen

Die Aussage "Rush macht Verschwendung auch heute noch wahr, und die meiste Zeit neigen einige von uns dazu, frustriert zu werden, wenn wir unseren Idealen und den Standards, die wir uns selbst setzen, nicht die ganze Zeit gerecht werden können.

Zu anderen Zeiten haben wir vielleicht das Gefühl, dass sich die Dinge zum Besseren verändert hätten, wenn wir die Herausforderung angenommen hätten, vor die wir gestellt wurden, aber es besteht auch die Möglichkeit, dass wir uns in unserem übermäßigen Bestreben, das Ziel zu erreichen, zu sehr anstrengen und völlig ausbrennen.

Ist dir das passiert?

Bleibt die Frage, wie man anfängt, wie man Erfolg im Leben erreicht.

Nun, mein Freund, seien Sie versichert, dass dieses Buch geschrieben wurde, um diese Frage zufriedenstellend zu beantworten und jegliche Verwirrung oder Anomalien zu beseitigen.

Es gibt viele Strategien, die man anwenden kann, und verschiedene Mittel, mit denen man pflügen kann, um das Ziel zu erreichen. Allen gemeinsam ist der Glaube an sich selbst, Selbstgerechtigkeit oder Ehrlichkeit und ein ethisches Leben (in Worten, Taten, Gedanken und Handlungen), das zu Ihrem Lebensstil gehört - dies ist der vierte Schritt.

In jedem Unternehmen ist die Betonung auf moralischen und ethischen Standards am höchsten, und dies sollte nicht ignoriert oder übersehen werden.

Der einzige Weg, Gleichmut, Ausgewogenheit oder Gleichgewicht zu erreichen, selbst nachdem man das reichste Individuum geworden ist, besteht darin, ein Gefühl dafür zu haben, das wahre Wesen des Lebens zu erkennen.

Nichts im Leben ist konstant. Das Leben verändert sich ständig, und Dinge, die heute zu existieren scheinen, können morgen schon nicht mehr existieren, und das ist eine Tatsache, die Sie - und alle anderen - akzeptieren lernen müssen.

Fünfter Schritt: Wenn Sie etwas Tiefes und Schönes entdecken, ist die natürliche Tendenz, es mit anderen zu teilen.

WEG ZUM FINANZIELLEN ERFOLG

Was Sie in den folgenden Kapiteln entdecken werden, sind die wahren Wege zum vollständigen Erfolg, und dies ist ein Buch, das es Ihnen ermöglicht, Ihre angeborenen Qualitäten in den Vordergrund zu stellen und so die Vorteile und Belohnungen zu ernten, die Tausende von Menschen auf der ganzen Welt gerade jetzt genießen, weil sie reich geworden sind.

Ich folge dem Leitfaden auf den folgenden Seiten, und ich glaube wirklich, dass jeder Mensch das Potenzial hat, im Leben erfolgreich zu sein.

"Reichtum ist mehr als nur Geld".

Die Leiter zum Erfolg

Es ist das Privileg des Menschen, totale Größe zu erreichen, und in Wirklichkeit sollte Erfolg für jeden zur Gewohnheit werden. Der Mensch ist im Wesentlichen vollkommen, und daher sind die Möglichkeiten, die in ihm schlummern, unendlich.

Das Beste aus uns herauszuholen, ein organisiertes und perfekt diszipliniertes Leben für die Entdeckung der vor uns liegenden Möglichkeiten, ist ein gut verbrachtes Leben.

Der entscheidende Punkt ist nicht, wie viele Talente jeder von uns hat, sondern die Bedeutung muss sich darauf konzentrieren, wie viele unserer vorhandenen Talente, Eigenschaften und Fähigkeiten wir bereit sind, zu entwickeln, zu nutzen, zu erforschen und in unserem täglichen Leben umzusetzen.

Die Frage, die Sie sich stellen sollten, ist, ob Sie mindestens ein großes Talent, das Ihnen innewohnt, auch praktisch nutzen. Das eine übergeordnete Grundprinzip besteht darin, zu verstehen, dass unser gesamter Erfolg vollständig von uns selbst abhängt.

Der beste Weg, um glücklich zu sein, ist, die Dinge zu tun, die man natürlich liebt und gerne tut - etwas, wofür man absolut leidenschaftlich ist! Ebenso ist der beste Weg, erfolgreich zu sein und reich zu werden, sicherzustellen, dass man die Dinge erreicht, die man im Leben aufrichtig erreichen wollte. Dies erfordert von Ihnen, dass Sie Ihre Anstrengungen in Aktivitäten stecken, die es Ihnen ermöglichen, den Erfolg zu messen.

Wenn Sie Kunst, Malen und Zeichnen mögen, dann ist es einfach, dies anhand des folgenden Beispiels zu erklären: Wenn Sie Kunst, Malerei und Zeichnen mögen, dann besteht die Vorgehensweise darin, sich beraten zu lassen, wie Sie an Wettbewerben teilnehmen können und wie Sie Ihr Kunstwerk durch Galerien (indem Sie direkt an Galerien herantreten und Ihr Werk zum Verkauf oder im Tausch überlassen) oder Kunstverlage präsentieren oder sogar Ihr Talent durch die Teilnahme an saisonalen Messen präsentieren können, auf denen Sie eine große Anzahl von Händlern aller Art finden.

Möglicherweise möchten Sie Ihrem Kunst-Portfolio mehrere verschiedene Arten von Themen hinzufügen, um Ihre Fähigkeiten zu maximieren und ein breites Publikum mit Interesse an verschiedenen Themen/Themen zu erreichen.

Kontaktgruppen, Foren und sogar Internet-Newsgroups und erkunden Sie andere Wege (wie Fotografen, Fotogalerien und -rahmen,

Kunsträte und Regierungsorganisationen, die Hilfe leisten, einschließlich Leihgaben usw.), die es Ihnen ermöglichen, Ihre Forschung zu intensivieren - die Idee ist, das Ziel unerbittlich und mit einer positiven Einstellung zu verfolgen.

Was Ihr Thema/Ihr Anliegen betrifft, stellen Sie Fragen, Umfragen, Abstimmungen und ermitteln Sie, was die Leute suchen, und dann finden Sie einfach den Bedarf und füllen ihn aus.

Jedes kleine Detail wird helfen, aber es ist die Kraft, die nötig ist, um den Schwung in Gang zu bringen, und das ist der entscheidende Punkt. Ein weiterer nützlicher Punkt ist, es nicht einfach nur zu versuchen, zu versuchen und immer wieder zu versuchen, sondern eine Haltung zu entwickeln, in der man das tut, wozu man sich entschlossen hat, die in diesem Buch gezeigten Strategien umzusetzen und anzuwenden.

Lassen Sie es nicht dabei bewenden: Behalten Sie den Glauben und geben Sie keine Niederlage auf. Sobald Sie sich entschieden haben, den "Plan" in die Tat umzusetzen, sorgen Sie dafür, dass er lebendig und strahlend bleibt... Ablehnungen und Enttäuschungen sollten Ihre Hoffnung, Ihren Fortschritt und Ihren Wunsch nach Erfolg in keiner Weise schmälern. Menschen, die trotz aller Not, allen Schmerzes und aller Kämpfe erfolgreich waren, haben unzählige Millionen Menschen auf der ganzen Welt inspiriert - es ist an der Zeit, dass auch Sie ein Vorbild für andere sind, die in Ihre Fußstapfen treten.

Sie dürfen nicht vergessen, dass die Methoden, die von verschiedenen Personen zur Erlangung von Reichtum angewandt werden, unterschiedlich sein können, aber das Ziel ist allen gemeinsam, und die oben genannten Schritte sind in der Tat Ihre Werkzeuge für den Gesamterfolg.

Es bedarf eines sehr starken Willens, um sich intern weiterzuentwickeln, und die Notwendigkeit zweier sehr wichtiger Eigenschaften, nämlich Mut und Zuversicht, sind wesentliche Voraussetzungen. Armut und Wohlstand hängen also nicht unbedingt vom Wissen in seiner Gesamtheit ab (z.B. Geschäftssinn, Marketingstrategien usw.), sondern sicherlich von den drei K's, nämlich Charakter, Kreativität und angeborene Fähigkeiten.

Mut und Zuversicht allein können eine einzigartige Transformation bewirken, während das Gegenteil nur in Zeiten der Not und Krise viel Schmerz und Verzweiflung bringen wird. Doch trotz der Probleme des Lebens müssen wir Hindernissen und Hemmnissen widerstehen und uns als solche ständig an die uns allen innewohnende oder angeborene höchste Macht erinnern, die wir alle besitzen und die wir alle durch spirituelle Unterscheidung erfolgreich entwickeln können. Daher erfordert das Ignorieren unserer Fähigkeiten und unseres Potenzials, die persönliche Kraft zu entwickeln, die wir brauchen, um durch egozerstörende Erfahrungen zu gehen, immense Kraft und Disziplin, und ich erkläre in diesem Buch, wie Sie all dies hier und jetzt erreichen könnten.

Ohne diese Eigenschaften ist man zum Scheitern verurteilt, und deshalb fühlen sich viele Menschen entmutigt, weil sie in einen Wettbewerb geraten sind oder einfach unter Druck aufgegeben haben, weil es ihnen an Selbstmut und dynamischer Willenskraft fehlt.

Wenn unsere Phantasien und Erwartungen nicht erfüllt werden, neigen wir dazu, zu unseren alten Gewohnheiten zurückzukehren - die Leere, die wir erleben, kann sehr beunruhigend sein, und wir können sie nicht für immer ignorieren. Oftmals passiert genau das, was wir im Leben Gutes tun, aber das bedeutet nicht, dass wir weitermachen. Nicht, weil es unmögliche Disziplin erfordert, sondern weil es uns an Mut und Zuversicht fehlt, werden wir von einer negativen Haltung überwältigt - das ist es, was alles aufhält!

Der anfängliche Ausbruch von Begeisterung beginnt zu verblassen, und was so wunderbar schien, wird zu einer Gefahr, einem Dilemma und einem Problem. Der Verstand übernimmt das Ruder und die Fragen überwinden die Zweifel, die aufkommen, nachdem die Idee oder das ganze Konzept sich gelohnt hat - ein Konflikt entsteht, der Verstand sagt das eine, und der Intellekt und unsere Intuition treiben uns an, dem Weg zum "Erfolg" zu folgen.

Noch bevor die Reise beginnt, steht das Ende unmittelbar bevor, denn wir sind unentschlossen, was der wahre Weg ist. Der

Erfolg liegt in dem, was man daraus macht, nicht in dem, was man 'denkt', dass er sein sollte (phantasieren Sie nicht über Erfolg).

Wie fangen wir also an?

Formel für den Erfolg

Was Sie denken und wie Sie handeln, ist der entscheidende Faktor, der Ihnen helfen wird, das Ziel des Erfolgs zu entdecken. Diese beiden Eigenschaften sind wichtig, zusammen mit einem konsistenten Satz von Prinzipien, die Sie befolgen sollten. Auf Vernunft basierende Gedanken sind ein mächtiger Katalysator, um jede Reaktion auszulösen, und wenn man erst einmal in Fahrt gekommen ist, wird man bald erkennen, dass Mut die einfache Tugend ist, die ein Mensch braucht, um durch den steinigen Weg zu kommen.

Hindernisse sind natürlich, und sie sind ein Mittel zur Quelle des Vermögenserwerbs, wie Sie mir sicher zustimmen werden. Beharrlichkeit, Geduld und Ausdauer werden religiös geübt werden müssen, um das Ziel zu erreichen und die Hindernisse zu überwinden. Nachdem ich das gesagt habe, möchte ich nun natürlich auf die P's hinweisen, die Sie missbilligen sollten.

Schieben Sie es nicht auf, tun Sie nicht so, als wüssten Sie alles und verlängern Sie Ihr(e) "Unternehmen(e)" am Ende nicht. Seien Sie darauf vorbereitet, gegen die Hindernisse zu kämpfen, mit denen Sie konfrontiert werden könnten, aber verfolgen Sie Ihr Ziel und lassen Sie Ihre potenzielle Willenskraft sich durchsetzen.

In jeder Lebenssituation ist es unmissverständlich wichtig, einen kühlen Kopf zu bewahren, trotz aller "Höhen und Tiefen", die uns wahrscheinlich bevorstehen. Denken Sie daran, dass das Leben von Natur aus dualistisch ist - die Vorder- und Rückseite ein und derselben Münze, um es einfach auszudrücken. Ich muss hinzufügen, dass wir zwar wissen, dass die Vergangenheit die Ursache und die

Gegenwart die Wirkung ist, aber es ist klar, dass mit der Zeit die Gegenwart selbst mit Bezug auf die Zukunft zur Ursache wird.

In dieser Syntax steckt eine sehr tiefe Bedeutung, und wenn sie mit Erfolg in Verbindung gebracht werden kann, dann kann man sagen, dass wir, wenn wir intelligent in wissenschaftlicher Selbstdisziplin leben, die Architekten unserer eigenen Zukunft werden können.

 WEG ZUM FINANZIELLEN ERFOLG

Die grundlegenden Schritte

Die folgenden Richtlinien werden Ihnen helfen, den Weg zum endgültigen Erfolg zu ebnen.

Die Schritte sind in Ihrem täglichen Leben sehr einfach umzusetzen.

1. Tun Sie, was Sie lieben und worin Sie gut sind.

2. Bereit sein, zu lernen und positiv zu sein (Motivation und Begeisterung).

3. Ein innovatives Individuum sein.

4. Seien Sie bereit, nicht nur Geld, sondern auch Zeit, Mühe und Ressourcen zu investieren.

Ich habe Geld erwähnt - das bedeutet nicht, dass man eine große Summe investieren muss, um Millionär oder reich zu werden.

5. Sie müssen bei der Festlegung von Zielen und Vorgaben diszipliniert sein. Denken Sie daran, dass Beharrlichkeit der Schlüssel zum Erfolg ist.

6. Sie müssen bereit sein, Ihre Zeit effektiv zu nutzen.

7. Wenn Sie sich weiterentwickeln, lernen Sie, der Gesellschaft das zurückzugeben, was Sie lieben. Ich nenne dies Philanthropie.

Sie müssen eine solide Vision haben - eine, in der Sie sich selbst als erfolgreich sehen.

Großartige Menschen aus Vergangenheit und Gegenwart sorgen dafür, dass Sie mit diesen grundlegenden Schritten diese begehrte Position erreichen.

Beachten Sie jedoch, dass ich in Schritt 2 absichtlich das Wort "lernen" verwendet habe, und das auch aus einem sehr guten Grund. Das Leben ist der größte Lehrer, deshalb müssen Sie immer bereit sein, Herausforderungen anzunehmen (indem Sie die Macht der Unterscheidung nutzen), und als Folge davon müssen Sie durch seine ewigen Prinzipien die großartige Lehre lernen, die es im Laufe der Zeit offenbart hat. Das bedeutet, dass Sie zum richtigen Zeitpunkt handeln müssen.

Handeln ist unglaublich wichtig und unterstreicht den Erfolg: beides ist gleichbedeutend mit Ehrlichkeit. Erfolg erfordert Handeln, aber der wesentliche Bestandteil ist Ernsthaftigkeit. Zu ernsthaft zu sein, kann Ihr Geschäft ruinieren, also geht es darum, Spaß zu haben.

Jede Disziplin erfordert Organisation und Ordnung. Wie ich bereits in der Einleitung erwähnt habe, müssen Sie darauf vorbereitet sein, so weit wie möglich auf Ihre innere Stimme zu hören. Das bedeutet, dass Sie nicht zu sehr von Ihrer Familie, Ihren Freunden usw. abhängig sind. (nicht, dass dies schlecht ist) beginnen Sie, Vertrauen in Ihre eigenen Fähigkeiten zu haben.

Auf eigene Faust und bemühen Sie sich, zu lernen und erfolgreich zu sein. Häufig sind Misserfolge das Ergebnis von Fällen, in denen wir aufgehört haben, unsere eigenen Ansichten zu vertreten oder zu abhängig von den Ansichten anderer geworden sind.

Erfolg ist kein Geheimnis, das man suchen oder ausgraben muss, um sein Ziel zu erreichen; es ist vielmehr das Verständnis oder die Anerkennung, die man in Bezug auf das, was man im Leben wirklich will, entwickelt. Intuition, Mut, Fähigkeiten, Wissen, Herausforderungen und Chancen sind einige der Konzepte, die die Eigenschaften von Menschen bestimmen, die Reichtum genießen. Jede Aufgabe, die im richtigen Geist ausgeführt wird, wird Ihnen zum Sieg verhelfen. Die mentale Einstellung ist es, die Ihnen Erfolg bringt, aber eine negative Einstellung, Faulheit und unfreiwillige Arbeit führen zum Misserfolg.

Erwarten Sie nicht zu viel zu früh, aber Ihr Ansatz sollte positiv sein und Ihre Aufgabe mit absoluter Perfektion und unter besonderer Berücksichtigung Ihrer langfristigen Ziele erfüllen. Das bedeutet, dass Sie mit geballter Energie an Ihre Aufgabe herangehen und Ihre Pläne mit Rechtschaffenheit ausführen. Das sollte Ihre Lebensphilosophie sein.

WEG ZUM FINANZIELLEN ERFOLG

Um ein neues Unternehmen zu gründen, ist es von entscheidender Bedeutung, dass Sie sich über Folgendes im Klaren sind, was, wie ich sagen muss, von entscheidender Bedeutung ist. Sie müssen sich der Tatsache bewusst sein, dass Sie sich mit dem Begriff Cashflow vertraut machen müssen, um ein Unternehmen zu gründen. Investitionen in Form von Kapital sind eine Voraussetzung, aber noch wichtiger ist das Konzept der Lebensfähigkeit des Unternehmens.

Schritte zum persönlichen Wohlstand

Die Entscheidungsfindung ist vielleicht der schwierigste Schritt auf Ihrer Suche nach dem Weg zum Reichtum. Das Problem ist, dass Sie wahrscheinlich unentschlossen und zögerlich sein werden, solange Sie nicht tief in sich selbst gehen, um Ihre angeborenen Qualitäten freizusetzen. Das ist an sich nicht schlecht, aber meistens erlaubt Ihnen dieses "Gefühl" vielleicht nicht, Ihr volles Potenzial auszuschöpfen.

Es gibt kein Geheimnis, wie Sie Ihr volles Potenzial freisetzen können - das "Geheimnis" liegt in Ihrer Bereitschaft, auf Ihre innere Stimme zu hören. Die Initiative, eine gute Gelegenheit zu ergreifen, die sich

Ihnen bietet, besteht darin, die Aufgabe methodisch anzugehen.

Setzen Sie sich ruhig hin, beruhigen Sie Ihre Sinne und Gedanken und meditieren Sie tief über das vorliegende Thema. Springen Sie nicht auf einmal in etwas hinein, nur weil die Idee günstig erscheint. Die meisten Dinge scheinen in der Anfangsphase sehr "gut" zu sein, aber Denken, Planung und Zeit sind Voraussetzungen. Oft ist es etwas in Ihnen, das Ihnen sagt, was Sie tun sollen. Das Geheimnis kommt nicht unbedingt von außen, sondern kann von innen heraus erschlossen werden.

Das Bestreben, stets sein Bestes zu geben, ist das kleine Geheimnis, das Ihnen helfen wird, Reichtum anzuhäufen. Die Imagination (d.h. die konstruktive Vorstellungskraft), also die Fähigkeit, sich etwas vorzustellen, ist ein wichtiger Faktor im kreativen Denken - aber wie Sie sehen, wird dies ohne einen starken Willen nicht möglich sein, und vor allem muss diese Fähigkeit der Visualisierung zu einem festen Glauben und einer festen Überzeugung reifen.

1. Sie müssen den Wunsch haben, Ihr Ziel des Ruhmes zu erreichen - das ist die Regel Nummer eins.

2. Seien Sie bereit, mit Geld effizient umzugehen, was die Budgetierung, die Ausgaben und die Verantwortung und/oder Rechenschaftspflicht betrifft.

3. Geben Sie nicht mehr aus, als von Ihnen verlangt wird, und geben Sie nicht weniger aus, als Sie verdienen.

4. Persönliche Probleme, einschließlich der Sucht nach mehr als nur Drogen usw., können ruinös sein. Dies ist etwas, mit dem man sich von Anfang an befassen muss.

5. Finden Sie Wege, um zu investieren und vor allem zu beginnen, Geld zu sparen. Sie müssen es klug anstellen und Ihre Prioritäten absolut richtig setzen.

In jedem Unternehmen sind Sie wahrscheinlich mit einem großen Antagonismus konfrontiert, weit entfernt von einer idealistischen Situation.

Über den Erwartungen liegender Optimismus und die Tendenz, sich zu "wünschen", dass die Dinge wie geplant ablaufen, kann und führt oft zum Scheitern.

Daher ist, wie bereits erwähnt, die Planung für Ihren Erfolg sehr wichtig. Natürlich sind die anderen zu berücksichtigenden Faktoren Überlastung und Burnout.

In der Hoffnung, Ihre Millionen zu verdienen, besteht die Wahrscheinlichkeit, dass Sie zu einem frustrierten Wrack werden und entmutigt werden - das wird Ihrem Fortschritt oder Ihrem Streben nach Reichtum nicht förderlich sein.

 WEG ZUM FINANZIELLEN ERFOLG

Sein Ziel erreichen

Wenn Sie sich hartnäckig weigern, ein Scheitern zu akzeptieren, sollten Sie wissen, dass das Ziel, das Sie sich vorgenommen haben, durch dynamische Willenskraft verwirklicht wird.

Gedanken können unglaublich mächtige Werkzeuge sein, und wenn Sie bereit sind, dieses göttliche Geschenk umzusetzen, dann werden Sie Ihr Ziel sicher erreichen. Wenn man an einem bestimmten Gedanken mit dynamischer Willenskraft festhält, nimmt er eine greifbare äußere Form an.

Jetzt ist es an der Zeit, die inhärenten negativen Eigenschaften in Form von Gewohnheiten, mangelnder Willenskraft, mangelndem Vertrauen, Zögerlichkeit und einer falschen Einstellung zum Leben im Allgemeinen abzutöten. Sie haben die Macht in sich, alles zu erreichen, was Sie wollen; diese Macht liegt im Willen. Die Hauptursache für Misserfolge im Leben ist mangelnde Konzentration - sammeln Sie nicht Ideen, Konzepte und Strategien auf einmal in der Hoffnung auf Erfolg an. Beginnen Sie langsam und seien Sie konsequent in Ihrem Zielsetzungsschema.

Konzentrieren Sie Ihre Aufmerksamkeit immer nur auf eine Sache, und lassen Sie nicht zu, dass Ihr Verstand in einen Zustand der "Überlastung" gerät. Es gibt einen wissenschaftlichen Weg, die Konzentration zu nutzen, und das Zauberwort lautet: Ruhe bewahren und gleichzeitig alle Aufgaben mit der richtigen Geschwindigkeit erledigen.

Überstürzen Sie nichts und stiften Sie kein Chaos, sondern konzentrieren Sie sich methodisch und akribisch und konzentrieren Sie Ihren ganzen Geist auf das, was Sie unternehmen, und das Wichtigste ist, dass Sie Ihren Geist flexibel halten.

Sobald Sie wissen, dass Sie wirklich auf dem richtigen Weg sind und auf dem Weg zum Ziel, seien Sie vorsichtig mit dem Zeitmanagement. Es ist oft sehr einfach, sich so sehr in ein Projekt einzubringen, dass man sich dazu hinreißen lassen kann, das zu perfektionieren, was immer man gerade tut.

Sie sollten Ihrer Arbeit Priorität einräumen und vor allem den Wert der Zeit respektieren und ehren - verschwenden Sie nicht Ihre Zeit und Ihr Leben!

Der Schlüssel zum Erfolg

Wie ich bereits erwähnt habe, spielt die Umwelt eine sehr wichtige Rolle, da sie ganz unvermeidlich ist, insbesondere unser Innenraumklima.

Ein ruhiger und entspannter Mensch ist in einer schwierigen Situation viel eher in der Lage, die Oberhand zu gewinnen als sein Gegenüber - eine Person, deren Nerven frustriert und unberechenbar sind. Ersterer hat seine Sinne vollständig mit seiner Umgebung identifiziert, in der er sich befindet.

Das rastlose Individuum versteht jedoch die Umwelt nicht und gerät dadurch in Schwierigkeiten. Die Schlüsselwörter sind

Fokus, Konzentration und Sorgfalt bei allem, was Sie im Leben tun.

1. Ein definiertes und klar definiertes Ziel/Zielsetzung entwickeln.

2. Entwickeln Sie einen intelligenten und praktikablen Plan/Programm.

3. Achten Sie auf Ihre Gesundheit. Ohne Gesundheit gibt es keinen wirklichen Wohlstand.

4. Sie müssen Ihre Energie sparen.

5. Seien Sie in Ihrem Leben ehrlich (in Worten, Taten, Gedanken und Handlungen).

6. Halten Sie sich an die Tugenden und nehmen Sie gute Prinzipien an.

7. Denken Sie über ideale Persönlichkeiten nach und suchen Sie die Kraft Ihrer Philosophie.

8. Suchen Sie göttliche Führung und seien Sie aufrichtig.

9. Streben Sie danach, anderen in Dankbarkeit zu helfen und ihnen zu dienen.

10. Denken Sie immer positiv und glauben Sie an die Kraft Gottes.

Transformatives Denken ist in der Tat der Weg zum Erfolg. Stellen Sie einen Plan auf, um Ihr Ziel zu erreichen, und grübeln Sie bewusst über die Bedeutung dieses Plans nach und setzen Sie ihn in die Realität um.

Seit undenklichen Zeiten sind große Menschen aus allen Gesellschaftsschichten als wahre Sieger hervorgegangen, und der

Grund dafür ist, den Geist für das Glück zu schulen. Ethische Disziplin ist unerlässlich, insbesondere Selbstdisziplin.

Jeder Mensch ist einzigartig. Was für Person A gut ist, kann für Person B nicht das Richtige sein. Es sollte jedoch betont werden, dass jeder die Ruhe, Einsamkeit und Stille genießen kann, und, um ehrlich zu sein, jeder Einzelne, unabhängig von Alter, Kaste, Glaubensbekenntnis, Hautfarbe, Geschlecht, hat irgendwann einmal Frieden erfahren.

Nachdem Sie durch Versuch und Irrtum entdeckt haben, können Sie die genaue Art und Weise bestimmen, wie Sie Ihren komplexen Verstand-Körper zusammensetzen und so große Höhen erreichen.

Meditation mag nicht für jeden wirksam sein, aber das bedeutet nicht, dass Sie solche

Methoden nicht bei Bedarf improvisieren sollten.

Seien Sie systematisch, und Ihr einziges Ziel sollte darin bestehen, Methoden anzuwenden, die Ihnen Erfolg und Glück bringen.

Unsere geistigen Fähigkeiten bestimmen unser Handeln, und es ist ganz offensichtlich, dass der Geist gezähmt und unterworfen werden muss. Ständige Wachsamkeit ist notwendig, und eine kontinuierliche Schulung des Geistes wird den Weg zum letztendlichen Erfolg ebnen.

Fallen Sie nicht dem Diktat Ihres Verstandes zum Opfer!

Optimistische, heroische und edle Ideale haben eine starke und erhebende Wirkung auf den Körper. Begeisterung mit bewusster und gut orchestrierter Selbstanwendung in heiterer Stimmung und absolutem Optimismus ist der geheime Weg zum Reichtum für alle großen Männer.

WEG ZUM FINANZIELLEN ERFOLG

Die Kraft der Gedanken

Im vorhergehenden Kapitel wurde hervorgehoben, wie wichtig es ist, eine richtige Einstellung zu kultivieren und den Glauben an das zu entwickeln, was man im Leben erreichen will.

Nichts im Leben ist unmöglich, es sei denn, man glaubt, dass es so ist. Gedanken sind bemerkenswerte 'Energiebündel', und wenn Sie hartnäckig an einem bestimmten Gedanken mit dynamischer Willenskraft festhalten, gibt es keinen Grund, warum sich dieser Gedanke nicht entsprechend der von Ihnen geschaffenen Ebene manifestieren kann.

Ich habe vorhin kurz erwähnt, wie ein kunstinteressierter Mensch seine Fähigkeiten steigern kann, sich im Leben auszuzeichnen. Nun möchte ich am gleichen Beispiel die Macht des Denkens veranschaulichen. Ein Künstler entwickelt eine Idee, um ein Gemälde oder eine Zeichnung einer schönen Landschaft zu schaffen.

Der Denkprozess initiiert eine Reihe von Ideen, und der Künstler verwendet diese Ideen dann, um das Skelettwerk zu schaffen, wodurch er oder sie das endgültige Kunstwerk entsprechend der ursprünglich geschaffenen geistigen Ebene vollenden kann. Ein bloßer Denkprozess ermöglicht es dem Künstler, das Meisterwerk zu schaffen!

Diese Schöpfung ist an sich ein wissenschaftliches Prinzip, das auf dem universellen Gesetz der Schöpfung beruht. Sie ist die Quelle, aus der sich alles manifestiert. Es steckt in uns allen, und es kann sicherlich angezapft werden, wenn Sie bereit sind, es zu versuchen. Das Geheimnis ist nicht wirklich ein Geheimnis, aber es ist ein Schatz, der in jedem einzelnen von uns verborgen ist, und wir haben das Recht, ihn auf die effektivste Weise zu nutzen.

Stimmt es nicht, dass, wenn man jemanden sieht, der so glücklich und euphorisch ist, sich der Geist vor Freude verfängt und man entdeckt, dass ein Lächeln auf dem Gesicht liegt?

Die Gedanken sind so eng mit dem Verstand verwoben. Wenn die Gedanken ruhig sind, ist der Geist ruhig. In jedem Aspekt des Lebens, sei es bei der Gründung eines Unternehmens, bei der ersten Arbeitsstelle oder bei der Heirat, ist die Beziehung zwischen Geist und Gedanken das Wichtigste.

Systematisch müssen wir daher den Verstand für korrektes Denken und fleißiges Handeln schulen und disziplinieren und so ein korrektes Verständnis dafür entwickeln, was

Sie im Leben wirklich wollen und wie dies zu der effektiven Dynamik in Ihrem Streben und dem, was Sie letztendlich anstreben, beitragen wird - Ihr Weg zu Erfolg und Reichtum wird anmutig, sinnvoll und erreichbar werden!

Menschen mit bestimmten Eigenschaften werden fast magnetisch angezogen, und solche Eigenschaften werden als positive Eigenschaften bezeichnet. Diese Qualitäten sind in uns allen vorhanden, aber sie werden nicht beschworen oder klar verstanden. Wir wissen, was Liebe, Güte, Mut und Freude bedeuten; es sind edle Tugenden, und wir erkennen sie auch als Eigenschaften an, die wir bei anderen bewundern.

Obwohl wir dies wissen, handeln wir, wenn wir handeln, indem wir Ideale kompromittieren. Der Grund dafür ist, dass wir uns selbst nie treu sind - wir handeln ständig und ziehen eine 'Show' ab, um allen um uns herum zu gefallen, außer uns selbst!

Es ist schmerzhaft, demoralisierend und ziemlich quälend, nicht Ihr wahres Selbst zu sein.

Sie können ungläubig ausrufen und sich zurücklehnen: Was hat das mit Reichtum und Wohlstand zu tun? Ich erkenne Ihre Besorgnis an, aber ich bitte Sie demütig, sich einen Moment oder zwei zu nehmen und in der Stille der Nacht tief über diesen Punkt nachzudenken. Ich möchte, dass Sie das, was ich vorhin erwähnt habe, in die Praxis umsetzen, indem Sie Sie selbst sind.

Beachten Sie die Veränderungen, die im Laufe der Zeit auftreten, und was Sie wirklich entdecken werden, ist, dass, wenn Sie den Duft Ihrer angeborenen positiven Eigenschaften oder Charakteristika (von dem, was Sie wirklich sind) ausdrücken können, dann nicht nur Menschen, sondern alle Dinge, die Sie schon immer wollten oder gewünscht haben, zu Ihnen kommen werden.

"Wie der Gedanke, so ist auch der Verstand."

Um Ihre Ziele und Träume zu erfüllen, müssen Sie üben, was das Buch beschreibt.

Die übliche Neigung unserer Denkmuster ist letztlich der entscheidende Faktor, der unsere persönlichen Fähigkeiten, Talente und Eigenschaften bestimmt. Ausgehend von diesem kritischen und lebenswichtigen Wissen geht man davon aus, dass die wenigen Glücklichen mit dem besonderen Talent geboren werden, das Ihnen fehlt und das Sie sich sehnlichst wünschen.

Zum großen Teil stimmt das, aber man muss sagen, dass niemand als Millionär geboren wird, Punkt! Die wertvolle Information liegt in der Kunst, das Muster zu kultivieren, das den Erfolg bringt. Wir sind, wofür wir uns halten.

Es stimmt, wenn die Meister sagen: "Ihre Gedanken schaffen die Umgebung.

- Gedanken entwickeln die Persönlichkeit
- Gedanken fördern die Gesundheit
- Gedanken beeinflussen den Körper
- Gedanken können die Zukunft (Schicksal) verändern und gestalten
- Gedanken bringen Schöpfung
- Gedanken beeinflussen die Physiologie und Psychologie des Menschen
- Gedanken können Erfolg bringen
- Gedanken können sogar den Körper heilen

Beobachten Sie Ihre Gedanken ständig. Ihre Erfahrungen und die Umgebung haben ihren "Sitz" in Ihren Gedanken.

Ihre Suggestion und Selbstsuggestion durch Meditations- und Visualisierungstechniken müssen stärker sein als "Gedanken", und wenn Ihre Handlungen Sie erheben, wissen Sie, dass Sie die Kunst verstanden haben, Ihre Gedankengänge zu kontrollieren.

Mit der Kraft der Gedanken kann man alles erreichen. Die Visualisierung nutzt Ihre Vorstellungskraft, damit Sie sich Ihren Erfolg "vorstellen" oder Ihr ernsthaftes Ziel erreichen können.

Ihre Gedanken oder geistigen Schwingungen sind unglaublich mächtig, weil der Verstand eine greifbare Verbindung mit Ihren Gedanken und Ihren Handlungen hat. Ihre Gedanken sind subtile Energien und haben eine starke Verbindung mit unserem Bewusstsein.

Deshalb wird das ständige Füttern positiver Gedanken durch Visualisierung, Yoga und Meditation Harmonie, Glück, Gesundheit und Wohlstand bringen!

Faktoren, die Trägheit verursachen

Die erste und wichtigste Sache ist die Selbstbeobachtung, und das bedeutet buchstäblich, dass man eine Bestandsaufnahme seiner Eigenschaften und Gewohnheiten vornimmt.

Häufig ist ein Mangel an Selbstanalyse die Ursache für unseren Misserfolg, und es ist das Fehlen einer bestimmten, unteilbaren Anstrengung und Aufmerksamkeit, die Ihrem Fortschritt und der Erreichung Ihres gewünschten Ziels im Wege steht.

Introspektion bedeutet daher, unsere geistige "Blockade" neu zu bewerten und Mängel zu diagnostizieren, indem negative Tendenzen

in Form von Gewohnheiten, Unentschlossenheit, Angst, mangelndem Vertrauen usw., die wir oft als Misserfolge bezeichnen, beseitigt werden.

Es ist an der Zeit, sich selbst zu revitalisieren, so dass durch die Entwurzelung all dieser Negativitäten aus Ihrem Leben das wahre Glück mit dem Fortschrittseifer hervorsticht und fest verwurzelt wird.

Der größte Feind, der uns neben Apathie, mangelndem Vertrauen und Minderwertigkeitskomplexen davon abhält, im Leben voranzukommen, ist Furcht. Angst wird uns buchstäblich davon abhalten, vorwärts zu gehen - tatsächlich werden wir nicht einmal unser Erfolgsziel erreichen. Die beste Art und Weise, die Angst zu bekämpfen, besteht darin, tiefe Atemübungen zu praktizieren und jede Nacht geistig zu bestätigen, dass Sie sich unter dem Schutz der höchsten Persönlichkeit des Göttlichen befinden, und

Ihre Gedanken mit positiven Gefühlen zu energetisieren.

Entwurzeln Sie bewusst die Samen der Angst von innen heraus, indem Sie die Konzentration auf den Mut zwingen, und verändern Sie Ihr Bewusstsein auf eine Ebene, die es Ihnen erlaubt, voll und ganz zu erkennen, dass Sie jenseits jeder Art von Schmerz stehen. Angst kommt von Herzen, also füllen Sie Ihr Herz mit LIEBE, und wenn Sie sich aufgeregt fühlen, entspannen Sie sich, beruhigen Sie sich und atmen Sie rhythmisch, wobei Sie sich mit jeder Ausatmung entspannen.

Natürlich gibt es noch ein anderes Problem, das meines Erachtens die Hauptursache für Frustration ist und in der Folge unsere Fähigkeit schmälert, uns im Leben auszuzeichnen. Das nenne ich "Ergebnisse wollen, ohne den Willen, die Anstrengung zu unternehmen". Ich persönlich habe wegen einer solch negativen Einstellung versagt, und ich bin der erste, der dies offen zugibt.

An dieser Stelle wird deutlich, was ich vorhin gesagt habe. Versagen, Schmerz, Krankheit und Unzulänglichkeiten sind natürliche Eventualitäten, wenn das Naturgesetz gebrochen wird.

Übertretung und Verletzung des ewigen Naturgesetzes bringt Elend. Als menschliche Wesen haben wir die Fähigkeit, unser Leben, unsere Ziele und unser Schicksal zu gestalten, zu korrigieren und zu verändern.

Das größte Hindernis, auf das Sie in Ihrem Leben stoßen werden, ist Ihre unmittelbare Umgebung. Wenn es etwas gibt, was Sie ändern müssen - Sie haben vielleicht bemerkt, dass ich dieses Buch ein wenig zynisch und ein wenig übervorsichtig, geschweige denn ein wenig negativ angefangen habe -, dann wird jetzt der Hauptgrund dafür deutlich werden.

Die Umgebung, die ich gerade erwähnt habe, kann auf zwei Arten definiert werden, nämlich auf die innere und die äußere. Es sind diese beiden Bereiche der Umwelt, die Sie im Auge behalten müssen.

Alle Ihre Erfahrungen kommen aus Ihren mentalen Dingen - oder der inneren Umgebung (Gedanken). Was Sie mit all Ihren Sinnen von außen wahrnehmen, wird auch Ihre Zukunft prägen.

Deshalb ist es hier wichtig, Ihre Gedanken zu beobachten. Ich schlage vor, dass Sie eher auf Ihre innere als auf Ihre äußere Umgebung achten. Vielleicht sind Sie zum Beispiel auf eine großartige Geschäftsmöglichkeit im Inland gestoßen, die potenziell hervorragend und in jeder Hinsicht fair für Sie ist.

Sie sind glücklich und bereit, es zu versuchen... aber im Nachhinein betrachtet, hindert Sie etwas an diesem Geschäft daran, weiterzumachen. Dafür mag es mehrere Gründe geben, aber ich bin sehr neugierig, den Hauptgrund zu erfahren.

Seien Sie versichert, dass es weder das Geld sein kann (weil es innerhalb Ihres Budgets liegt), noch kann es ein Hype sein (weil es anscheinend für Tausende von Menschen mit Zeugnissen funktioniert hat, die dies bestätigen).

Also, was frage ich mich? Denken Sie über diesen Punkt nach, und Sie werden zweifellos zu einem positiven Ergebnis kommen... und überraschenderweise sind es die Dinge des Geistes - der Täter.

Um im Leben erfolgreich zu sein, müssen Sie damit beginnen, Ihre Denkmuster zu korrigieren, denn es ist die Gesellschaft Ihrer

Gedanken und die Affinität, die Sie zu ihnen haben, die Ihr Schicksal bestimmen werden.

"Gedanken werden durch den physischen Körper ausgedrückt".

WEG ZUM FINANZIELLEN ERFOLG

Der Risikofaktor

Ohne vom Thema abzuweichen, möchte ich Sie an das erinnern, was ich in den frühen Phasen des Buches über die dualistische Natur des Lebens erwähnt habe.

Wie kommt es, dass manche Menschen so viel Glück haben und andere im Kampf um den Erfolg zurückbleiben?

Das ist nicht wahr, denn wie wir alle wissen, hängt das, was die eine Person reicher macht als die andere, weitgehend von der getroffenen Wahl oder Entscheidung ab, zusammen mit dem erkannten Risiko oder den erkannten Risiken durch ein besseres Verständnis der Macht der Diskriminierung und der Fähigkeit, die Waage ihrer intuitiven Fähigkeit abzuwägen.

Nun muss das Risiko, das Sie eingehen, auf dem Verständnis basieren, dass das Unternehmen, für das Sie sich entschieden haben, gründlich untersucht worden ist. Man beginnt zum Beispiel erst dann mit einer Fahrprüfung, wenn man sich kompetent genug fühlt, sie zu bestehen, und nicht anders.

Deshalb muss das Risiko, das Sie in dieser Hinsicht eingehen, das sein, was ich ein informiertes Risiko nenne. Mit anderen Worten, es ist eine, bei der Sie Vertrauen in das haben, worauf Sie sich einlassen, und das beruht auch auf der Informationsquelle, die Sie gut gesucht haben.

Die Tatsache, dass Sie diesen Bericht jetzt lesen, ist, dass Sie verstehen sollen, wie Sie finanziellen Erfolg erzielen können - daher ist dieser Bericht in gewisser Weise Ihr Forschungsinstrument, mit dem Sie die beschriebenen Techniken und Tipps umsetzen können, um das Ziel zu erreichen. Daher stammen die ergriffenen Maßnahmen direkt aus einer Quelle, die als authentisch, wertvoll und echt angesehen werden kann.

Sobald Sie sich sicher fühlen, dass Sie die Fahrprüfung unter Anleitung des Fahrlehrers ablegen werden, entscheiden Sie sich für die Fahrprüfung - das ist der perfekte Weg, um den Erfolg sicherzustellen. Ich möchte ein Problem korrigieren, das schon einmal angesprochen wurde und das mit dem Lernen zu tun hat.

Sie müssen bereit sein, ständig zu lernen, denn um jede Fähigkeit, jedes Wissen und jede Macht zu erlangen, müssen Sie bereit sein zu **LERNEN**.

Engagement ist die Lebenskraft, an die man sich von Anfang an gewöhnen muss. Denken Sie daran, dass es bestimmte Situationen gibt, in denen Sie möglicherweise keine direkte Kontrolle haben, um eine vorhersehbare Veränderung herbeizuführen, was zu einer Menge Kopfschmerzen führen kann.

Dies muss jedoch nicht der Fall sein, denn was wirklich zählt, ist der Mechanismus oder die Art und Weise, wie die Situation kontrolliert wird und wie man letztlich darauf reagiert.

Das Problem mit uns ist, dass wir dazu neigen, gleichzeitig in der Vergangenheit und in der Zukunft zu leben. Wenn unser geistiges Vermögen überlastet ist, werden wir entmutigt.

Die Last ist zu schwer für den Geist, also müssen wir sie einschränken. Wenn wir auf einmal zu viel zu tun haben, müssen wir unsere Aktivitäten sofort einstellen. Die Uhr tickt regelmäßig, sie kann weder vierundzwanzig Stunden in sechzig

Sekunden weg sein, noch kann man in einer Stunde das tun, was in vierundzwanzig Stunden effektiver getan werden kann. Lebe für das Jetzt, und die "Zukunft" wird sich um sich selbst kümmern.

Seien Sie nicht gierig und vor allem brennen Sie sich nicht aus, weil Sie "Millionär werden wollen"!

Die Dinge haben sich geändert, immer mehr Menschen wenden sich einem einfachen Lebensstil zu, zurück zu den Grundlagen - ohne so viel Luxus und weniger Sorgen.

Der dualistische Naturbegriff herrscht überall - man kann nicht gedeihen, wenn man Schecks ausstellt, ohne glaubwürdige Geldmittel oder Kredite (Einlagen) auf seinem Bankkonto zu haben, früher oder später wird einem das Geld ausgehen.

Ohne Seelenfrieden, die wahrscheinliche Haube aus "Dampf", Glück, Ruhe und Stärke, werden Sie geistig, emotional, spirituell und körperlich "gebrochen". Wie schade wird es gewesen sein, einen Punkt der totalen Verwüstung zu erreichen!

Das ist der Zeitpunkt, an dem Sie in der inneren Kraft verweilen und Ihre Lebensaufgabe geistig bekräftigen müssen; vielleicht möchten Sie eine angenehme Erfahrung machen, damit Sie Ihre Sorgen völlig vergessen können. Es geht darum, nichts allzu ernst zu nehmen, das zu genießen, was man hat, und glücklich zu sein mit dem, was einem zusteht.

Was man vermeiden sollte

Es ist natürlich, dass wir, wenn das Unerwartete geschieht, viel eher negativ reagieren. Dies muss jedoch nicht der Fall sein; das Buch zeigt Wege auf, wie Sie Ihr Ziel auf harmonische und sorgfältige Weise erreichen können.

Im Folgenden finden Sie einige Tipps, die für Sie hilfreich sein werden:

1. Wenn Dinge schief gehen, nicht überreagieren. Denken Sie positiv und ruhig.

2. Urteilen Sie nicht zu viel und kritisieren Sie nicht zu viel.

WEG ZUM FINANZIELLEN ERFOLG

3. Versuchen Sie, eine schlechte Situation nicht zu ignorieren, achten Sie auf Ihre Komfortzone.

4. Weisheit und Stärke allein können Ihnen helfen, viele der anstehenden Lebensprobleme zu überwinden.

5. Probleme frontal angehen.

6. Vermeiden Sie Gier und Eitelkeiten jeglicher Art.

Es gibt eine Geschäftsethik, und ein Geschäftsmann muss diese Ethik praktizieren.

Wer streng ehrlich und aufrichtig ist, wird im Geschäftsleben Erfolg haben. Betrachten wir noch einmal die Kunst als ein Beispiel, um zu verdeutlichen, was bisher diskutiert worden ist. Wie wir alle wissen, haben wir angeborene Kräfte - in jedem von uns liegt der Speicher latenter Energie, die hervorbricht, um "geweckt" zu werden.

Nehmen wir an, Sie haben die kreative Kraft, und dass Sie als Künstler zum Beispiel praktisch jedes Thema malen und zeichnen können.

Fairerweise muss man sagen, dass Sie ein beträchtliches Talent haben, denn nicht alle Künstler haben diese Fähigkeit. Da Sie sich dessen bewusst sind, können Sie davon ausgehen, dass Ihr Kunstwerk, weil es gut ist, ein gutes Verkaufspotenzial hat. Das stimmt, aber lassen Sie uns Schritt für Schritt alle Faktoren in Betracht ziehen, die berücksichtigt werden müssen.

1. Sie mögen ein sehr guter Künstler sein, aber wenn Ihre Arbeit nicht bemerkt und geschätzt wird, hat sie keinen wirklichen Nutzen. Daher ist es wichtig, dass Ihre Arbeit wahrgenommen wird (durch maximale Bekanntheit), und die Art und Weise, wie dies geschehen kann, ist die Festlegung Ihres Namens.

Dies setzt voraus, dass Sie sich an die richtigen Quellen wenden und Künstler ansprechen, die die "gleiche" Lernkurve durchlaufen haben, um den Weg des Wohlstands zu erreichen. Sie müssen den Wettbewerb berücksichtigen, der in dem gewählten Bereich bestehen kann. Sie müssen eine gute Grundlage vorbereiten - das können Sie mit Hilfe der Informationen auf den Seiten dieses Buches tun.

2. Ihr Kunstwerk mag außergewöhnlich schön sein, aber ohne Verständnis für die Dynamik des Marktes kann Ihre Arbeit nicht gedeihen.

3. Aus Ihrer persönlichen Perspektive mag Ihre Arbeit ein großes Potenzial haben. Es ist jedoch wichtig, die Meinungen der breiten Öffentlichkeit, d.h. Ihrer potenziellen Käufer, zu berücksichtigen.

Lassen Sie sich nicht auf die Routine einlassen, die die meisten Menschen machen, "zuhören, was wir hören wollen" ist eine Art Vorbedingung, die uns unsägliches Elend bringen kann.

4. Sie sollten sich andere Bereiche ansehen, um Ihr Potenzial zu entwickeln. Erweitern Sie die Kategorie/das Thema des Themas, verwenden Sie verschiedene Arten von Medien (z.B. Acryl, Öl, Mischtechnik, etc.), entscheiden Sie, wie Sie für Ihre Arbeit werben wollen, vielleicht wollen Sie sogar Originale verkaufen oder Drucke reproduzieren... Die Möglichkeiten sind endlos, die Frage ist, wie entschlossen Sie in Ihrem Streben nach Erfolg sind.

Die Psychologie des Erfolgs hängt von vielen Faktoren ab, aber der wichtigste ist meiner Meinung nach das Selbstvertrauen. Die meisten Menschen erreichen nie die erste Stufe des Erfolgs, weil ihnen dieses wesentliche Merkmal fehlt.

Solche Konditionierungen kommen oft aus ihren persönlichen Erfahrungen, aber der ursächliche Faktor ist die Umgebung, die bereits diskutiert wurde. Während es gut ist, bei allem, was man im Leben tut, vorsichtig zu sein, ist es ebenso wichtig, dass man sich nicht in den technischen Einzelheiten des "Prozesses" verstrickt, sondern sich auf den Nutzen und die letztendliche Belohnung konzentriert, die er bringt.

Widmen Sie Ihr Ziel dem Erfolg, indem Sie die fünf Kardinalwörter, die mit dem Buchstaben D beginnen, für Ihren Erfolg einsetzen, nämlich: Hingabe, Diskriminierung, Disziplin, Entschlossenheit und Pflicht.

Es ist nichts Falsches daran, Fragen zu den Vorschlägen, die Ihnen unterbreitet werden, oder sogar zu den Geschäftsmöglichkeiten, die Sie zu verfolgen beabsichtigen, zu stellen. Solange diese Fragen alle Antworten liefern und Sie sich entscheiden, unter Berücksichtigung aller Faktoren voranzukommen, dann ist alles gut und schön.

Wenn Ihre Fragen jedoch dem eigentlichen Zweck Ihrer Forschung zuwiderlaufen, dann wird daraus ein "Teufelskreis".

Warum, was, was, wo, wann, wer sind die Worte, die wir oft benutzen, um Informationen über alles im Leben zu erhalten - auch über geschäftsverursachende Fragen.

Die Frage mit dem Wort warum ist notwendig, wird uns helfen, eine perfekte Schlussfolgerung zu ziehen, und wird uns helfen, die Zweifel zu überwinden. Das Problem dabei ist, dass, wenn Sie sich über Ihr(e) Ziel(e) nicht im Klaren sind, dann ist schon die Frage, mit der Sie das Unternehmen weiterführen wollen, bedeutungslos.

Was Sie in Betracht ziehen müssen, sind wahrscheinliche langfristige Ziele, Vorteile und wie Ihr erster Schritt zu Wohlstand und Erfolg es Ihnen ermöglichen wird, größere Höhen zu erreichen.

Die unvermeidlichen Fehler

Als menschliche Wesen sind wir sehr unruhig - wir werden oft von Freude, Erfolg oder Befriedigung überwältigt. Es ist sehr wichtig, bei solchen Ereignissen Ruhe zu bewahren, denn Emotionen können zu Problemen führen, von denen man zu viel ausgibt.

Dennoch ist es auch sehr wichtig zu erkennen, dass der Erfolg einen einfach "treffen kann", in dem Sinne, dass man selbstgefällig werden und sich "entscheiden" kann, nicht viel zu tun, weil "man alles hat".

Dies ist eine schreckliche Phase, in die Sie möglicherweise eintreten können und der Sie sich jederzeit bewusst sein müssen. Eines müssen Sie jedoch beachten, nämlich den Ich-Komplex - lassen Sie Ihr Ego nicht zu einem Hindernis in Ihrem Streben nach Reichtum werden.

Die beste Medizin, um das Ego zu vermeiden, ist die Einsparung von Energie. Die Energie, die erzeugt und erhalten wurde, wird, wenn sie nicht in die richtigen Kanäle geleitet wird, katastrophal sein.

Wir müssen unsere Impulse kontrollieren, und hier wird die Kunst, das Gleichgewicht im Leben zu üben, zu einem wesentlichen Werkzeug für Ihren Erfolg. Müßiggang ist ein einzigartiger Faktor, der Ihren Wunsch nach Erfolg zerstören kann.

Denken Sie daran, dass die Menschen um Sie herum und das Unternehmen, das Sie führen, über Ihren zukünftigen Erfolg entscheiden werden - Sie verschwenden vielleicht kostbare Zeit, aber die Menschen um Sie herum werden es noch schlimmer machen und zum Totalverlust Ihrer eigenen Zeit beitragen.

Deshalb sollte, wie das Sprichwort sagt, "Gleiches zieht Gleiches an" die Maxime sein, und vor allem den gesunden Menschenverstand immer wieder einsetzen und nur das tun, was positive Ergebnisse bringt.

Eine systematische Vorgehensweise hilft auch, Verwirrung und Unbehagen zu vermeiden, die sich nachteilig auf Ihr Geschäft und Ihre Ziele auswirken können. Akzeptieren Sie keine Jobs, die Sie bremsen können.

Versuchen Sie, die Situation einzuschätzen, wobei Sie den Prioritäten viel Bedeutung beimessen - zögern Sie nicht, verschwenden Sie keine Zeit und vor allem keine kostbare

Energie. Wenn Sie sorgfältig handeln, wird die Zeit so effizient wie möglich genutzt werden.

Wenn Worte, Taten, Gedanken und Handlungen gut sind, dann wird das Leben gut sein, und jeder Augenblick wird Erfolg bringen und die "Zeit", die man braucht, um das begehrte Ziel zu erreichen, wird... nun, Ihre Vermutung ist so gut wie meine.

"Der Verstand ist die Ursache für Sklaverei und Freiheit".

 WEG ZUM FINANZIELLEN ERFOLG

Das Gesetz des Erfolgs

Allein durch das Verständnis der gemeinsamen Prinzipien, von denen einige oben diskutiert wurden, kann man Erfolg haben.

Es muss eine bewusste Anstrengung unternommen werden, um gute Erfahrungen für den Verstand zu machen. Die Natur hat den Menschen mit allem im Überfluss versorgt - leider, obwohl der Mensch diese Tatsache nicht erkannt hat.

Sie müssen sich entscheiden, um erfolgreich zu sein. Wie können Sie dies effektiv tun?

Wie können Sie den Willen entwickeln? Erfolg kommt ohne Zweifel mit Planung, Entschlossenheit und Glauben. Um diese

Tatsache festzustellen, schlage ich vor, Sie versuchen Folgendes: Wählen Sie ein Ziel, von dem Sie glauben, dass Sie es nicht erreichen können, und versuchen Sie dann mit all Ihrer Energie und Kraft, diese eine Sache zu erreichen.

Das kann alles sein, vom Zeichnen eines Porträts bis hin zur Beherrschung des Umgangs mit dem Computer. Wenn Sie Erfolg haben, gehen Sie zu etwas Größerem über und versuchen Sie weiterhin, Ihre Willenskraft auszuüben. Trotz aller Rückschläge sollten Sie nicht zittern, sondern Kraft aus Ihrer Umgebung schöpfen und vor allem von Gleichgesinnten lernen, die mit Mut und ohne jemals die Hoffnung zu verlieren den Erfolg gesucht haben.

Denken Sie an Menschen wie Abraham Lincoln, Henry Ford, Mutter Teresa und viele andere, die aufgrund ihrer angeborenen Glaubenskraft und ihres dynamischen Willens die begehrte Position erreicht haben.

Denken Sie daran, dass auch Sie den gleichen Erfolg erzielen können.

Dieses Gesetz kann von jedermann angewendet werden, und es funktioniert. Es stimmt, dass unser Denken und Handeln unsere Zukunft und unser Schicksal bestimmt. Sie müssen bereit sein, Ihre angeborenen Talente und Fähigkeiten in die richtige Richtung zu lenken, damit Sie zu neuen Höhen aufsteigen können.

Um das bisher Gesagte zu rekapitulieren, möchte ich Sie daran erinnern, was es braucht, um erfolgreich zu sein.

- Planung ist entscheidend und vielleicht der wichtigste Schritt zu Ihrem Erfolg

- Seien Sie bereit, Ihre Ansichten, Gewohnheiten und Denkmuster zu ändern.

- Verfolgen Sie nur Aufgaben, die wichtig sind. Sie müssen Ihre Bedürfnisse von Ihren Wünschen trennen - es gibt einen schmalen Grat, also üben Sie Diskriminierung aus.

- Achten Sie auf Ihre persönliche finanzielle Situation. Stellen Sie ein gutes Budget auf und reduzieren Sie die Ausgaben.

- Umgeben Sie sich mit Menschen mit einer positiven Persönlichkeit und solchen, die erfolgreich sind. Lesen Sie Bücher über Menschen, die im Leben erfolgreich waren.

- Geben Sie nicht vor, jemand zu sein, der Sie nicht sind. Seien Sie Sie selbst und geben Sie nicht an.

- Erweitern Sie Ihren Horizont und seien Sie enthusiastisch und ehrgeizig.

- Es ist gut, sein Einkommen zu erhöhen, aber noch besser ist es, in Vermögenswerte zu investieren, die Sie reich machen.

- Seien Sie bereit, hart zu arbeiten und Opfer zu bringen.

Die richtigen Aktionen bereichern, stärken und motivieren uns und beleben unsere internen Ressourcen vollständig.

Die Kultivierung solcher Werte und das Festhalten an den richtigen Werten im Leben wird uns helfen, zu wachsen und erfolgreich zu sein.

Eine solche konsequente Ernährung und Exposition kann unseren Charakter formen und dazu beitragen, unsere minderwertigen Neigungen auszugleichen.

Zeit zu lernen, wer du bist

Ich würde jeden missbilligen, der auch nur auf die Idee käme, eine Bemerkung zu machen und zu sagen, dass Erfolg nur ein Wunsch sei.

Wir sind keine geborenen Versager - lassen Sie mich diesen Punkt klarstellen. Wir alle haben in unserem Leben irgendwann einmal Erfolg gehabt, und das ist eine unbestreitbare **WAHRHEIT**.

Die folgenden Punkte werden es Ihnen sicherlich ermöglichen zu verstehen, wer Sie wirklich sind, und das ist eine Garantie. Wenn Sie erst einmal Ihre eigenen Eigenschaften herausgefunden haben, wird es viel einfacher sein, sich Ideale zu eigen zu machen, die es Ihnen erlauben, größere Höhen zu erreichen.

1. Sind Sie im Allgemeinen enthusiastisch und positiv oder genau das Gegenteil?

2. Arbeiten Sie gerne hart und würden Sie sich etwas mehr anstrengen, wenn Sie das tun würden, was Sie lieben?

3. Sind Sie alles, was Sie sein können? Vielleicht möchten Sie Ihre Stärken und Schwächen analysieren.

4. Sind Sie mit Ihrer derzeitigen Situation und/oder Ihren Umständen zufrieden?

Indem Sie diese drei sehr wichtigen Fragen beantworten, können Sie Ihre Zukunft bestimmen. Erinnern Sie sich an die oben erwähnte Bedeutung von Disziplin und Organisation.

Der nächste Punkt, den ich ansprechen möchte, ist die Einfachheit. Schaffen Sie keine unnötigen Schwierigkeiten auf dem Weg Ihrer Arbeit und im Hinblick auf das Ziel des Erfolgs.

Mit Einfachheit meine ich, verkomplizieren Sie die Situation nicht, und lassen Sie sich den Erfolg nicht zu Kopf steigen - eine aufgeblasene Haltung ist ein weiteres Problem, das Sie zu Fall bringen kann. Seien Sie bescheiden, entschlossen und fair in Ihren Bemühungen um Erfolg.

Ein ruhiger Mensch kann praktisch alles durch die Kraft der Konzentration erreichen - das ist eine Wahrheit, die auf der Wissenschaft beruht.

Die Forschung hat eindeutig gezeigt, dass Techniken wie Yoga, Visualisierung und Entspannung eine größere Bewusstheit bewirken können, so dass der Einzelne sein volles Potenzial ausschöpfen kann.

Durch die Kraft der Konzentration und Fokussierung kann eine Person das erreichen, was sie sich gewünscht hat.

Das Bedürfnis nach Veränderung

Wir sind uns alle sehr bewusst, dass nichts im Leben dauerhaft bleibt, obwohl wir verstehen, dass das Leben selbst ein Kontinuum ist. Was wir nicht erkannt haben, ist, dass unsere eigenen Einstellungen, Konditionierungen und Neigungen uns daran hindern, Veränderungen zu integrieren.

Eines der am schwierigsten zu verändernden Dinge ist unsere Natur (unauslöschliche Gedanken), insbesondere diejenigen, die einen Abdruck (eine Prägung) in unserer Psyche hinterlassen haben.

Wir mögen in der Lage sein, viele Dinge um uns herum zu verändern, aber die Notwendigkeit, unsere Gedanken, Einstellungen und Gewohnheiten zu ändern, die mit ziemlicher Sicherheit Teil unserer eigenen Identität geworden sind, wird zu einer mühsamen und schwierigen Aufgabe.

Wie bei allen Dingen im Leben kann die Zeit alles und jedes heilen - lassen Sie sich von der Zeit helfen, im Leben zu wachsen, und verschwenden Sie keine Zeit damit, Ihre individuellen Ziele zu erreichen.

Wie können wir unsere mentale Einstellung ändern? Die Antwort ist ganz einfach: Auch hier gibt es weder ein Geheimnis als solches, noch ist es eine mühsame Aufgabe. Die primäre Antwort liegt im Wort Veränderung selbst. Wenn Sie Ihren Lebensstil allmählich ändern, werden Sie Ihr Ziel viel schneller erreichen. Ich sage, dass die Antwort einfach ist, wenn es darum geht, wie wir positive Veränderungen erreichen können, denn betrachten wir zum Beispiel die Gewohnheiten.

Wie wir alle wissen, brauchen Gewohnheiten Zeit, um sich durchzusetzen. Genauso wie Sie Ihre Gewohnheiten mit der Zeit "lernen", beginnen Sie einfach, sie zu verlernen. Gewohnheiten sind gleichzeitig sehr schwer auszurotten, und deshalb bleibt Zeit, sich um Ihre Gewohnheiten zu kümmern. Was hat das damit zu tun, glücklich und reich zu sein?

Nun, meine Freunde, ich möchte Ihnen dieselbe Frage noch einmal stellen. Fragen Sie sich, warum Sie nicht in der Lage waren, Fortschritte zu erzielen.

Setzen Sie das, was Sie bisher gesammelt haben, in die Praxis um. Setzen Sie sich in eine ruhige Ecke, öffnen Sie Ihr Herz und lösen Sie dieses Problem - die Antwort auf all Ihre Probleme, ob gut oder schlecht, liegt in

Ihnen. Die Genauigkeit des Problems wird zweifellos unterschiedlich sein, aber der Grund (die Gründe) dafür sind selbsterklärend.

Sie leiten sich aus Erfahrungen, dem Umfeld und den Denkmustern ab. Wie kommt es, dass Person Y in der Lage ist, mit dem Rauchen aufzuhören, und Person Z es dennoch sehr schwer hat, damit aufzuhören, obwohl beide seit zehn Jahren rauchen und beide zwanzig Zigaretten am Tag rauchen? Die Antwort liegt in dem, was ich oben besprochen habe, und das sind unsere **DENKEN**.

Das Einzige, was Sie in Ihrem Leben ändern müssen, ist Ihre derzeitige Wahrnehmung dessen, wer Sie sind, was andere von Ihnen denken und schließlich, wer Sie wirklich sind.

Sie können zwar Ihre Gedanken, Ihr Umfeld und Ihre Geschäftsstrategien ändern, aber Sie müssen sich darüber im Klaren sein, dass Sie nicht in der Lage sein werden, das Naturgesetz selbst zu ändern - es ist perfekt. Deshalb müssen wir dies respektieren und anfangen, uns an seine Regierungsdynamik zu halten, ohne sie zu verletzen. Wie kann die Natur unseren Erfolg beeinflussen?

Das ist eine berechtigte Frage, aber nach einer gründlichen Analyse werden Sie verstehen, dass wir als Menschen die Regeln, Gesetze und ewigen Prozesse des Lebens tagtäglich brechen.

Ohne allzu sehr vom Thema abzuweichen, beobachten Sie genau und achten Sie darauf, wie der schöne Rhythmus der Natur täglich ohne Zwietracht und Unterbrechung seinen Dienst tut. Genauso haben wir von der Natur viel zu lernen. Abweichung von der Wahrheit führt zu Bestürzung und Misserfolg, und die Verletzung der

Naturgesetze bringt Verzweiflung - kurz gesagt, der Makrokosmos und der Mikrokosmos sind gleichgültig.

Die Entscheidungen, die Sie in Ihrem Leben treffen, werden den Ausgang Ihrer zukünftigen Ereignisse bestimmen. Denken Sie immer zuerst darüber nach, was Sie tun oder zu tun beabsichtigen, und wenn Sie diese Maßnahme ergreifen, wie sie sich auf Sie auswirken wird.

Handeln Sie nicht aus einem Impuls heraus, sondern bleiben Sie ruhig, still und versuchen Sie, so weit wie möglich eine tiefe Stille zu bewahren. Es ist einfach erstaunlich, was durch Stille und Selbstbeobachtung erreicht werden kann.

Ich schlage vor, dass Sie eine Form von Entspannungsübungen, wie Meditation oder sogar Yoga, durchführen, um Frieden und Erfolg zu erreichen. Gutes Urteilsvermögen ist ein perfekter Indikator für Weisheit durch den Ausdruck der Macht des Intellekts durch das Unterscheidungsvermögen.

Wenn Sie Ihre Torheit klar erkannt haben, dann müssen Sie Fehler und schlechte Gewohnheiten zugeben. Wenn es andere aufregt oder Ihre Gesundheit, Ihr Gewissen, Ihren finanziellen Status, Ihre Familie, Ihr Wohlergehen und Ihren Seelenfrieden beeinträchtigt, dann müssen Sie sich fragen: "Wie viel besser ginge es mir ohne sie? Wenn Sie nicht davon profitieren, warum nehmen Sie es dann überhaupt an oder denken darüber nach?

Fehler verstehen

Die Vernunft ist der größte Feind des Glaubens.

Dies ist eine Tatsache, denn es ist sehr wahrscheinlich, dass sowohl die Gläubigen als auch die Nicht-Gläubigen auf diese Aussage zurückgreifen werden, um ihre jeweiligen Argumente zu untermauern.

Sie sind bereits mit der dualistischen Natur des Lebens vertraut, und als solche wird die menschliche Vernunft sowohl "Pro" als auch "Kontra" für gutes bzw. schlechtes Handeln finden.

Dann müssen Sie lernen, sich von der inneren Stimme des "Bewusstseins" leiten zu lassen. Aus dieser angeborenen Kraft, der Intuition, der Wahrheit, dem Frieden, der Gerechtigkeit, der Liebe, der Gewaltlosigkeit (in Worten, Taten, Handlungen und Gedanken) und der Macht der Diskriminierung ergibt sich Folgendes Diese Attribute haben ihre Existenz in der Seele.

Das ist die größte Wahrheit, die man sich nicht leisten kann, nicht zu wissen. Anstrengung ist proportional zur Gnade, aber ich möchte hinzufügen, dass Erfolg nur dann proportional zur Anstrengung ist, wenn man gelernt hat, die Qualitäten der Liebe zu schätzen.

Was immer Sie tun, geben Sie sich alle Mühe und tun Sie, was Sie tun, mit absoluter Liebe.

Wer bereit ist, Risiken einzugehen, hat Erfolg. Es ist eine bekannte Tatsache, dass junge Menschen anpassungsfähiger an Veränderungen sind. Je älter wir werden, desto schwieriger und herausfordernder wird es, Veränderungen herbeizuführen und die Fähigkeit zur Anpassung an eine Vielzahl von Komfortzonen zu erlangen. Bevor es zu spät ist, beseitigen Sie das Problem von Anfang an - lassen Sie es nicht an Ihrem System nagen. Handeln Sie wie ein Virus und entfernen Sie ihn sofort von Ihrem System.

Tatsache ist, dass wir perfekt geboren werden (ich meine das nicht im physischen Sinne des Wortes), aber die Strenge der Zeit 'verfälscht' diese Vollkommenheit, und deshalb verschwimmen die unendlichen Möglichkeiten, die in uns lauern.

Was uns jedoch überlegen macht, ist die Tatsache, dass es nur ein großes und begehrtes Geschenk gibt, das immer unser ist, und das ist unsere außerordentliche Macht, zu entdecken, zu entwickeln und zu erklären, dass wir als menschliche Wesen die Fähigkeit haben, große, wenn nicht gar noch größere Höhen zu erreichen, dass bereits in uns die unendliche Energiequelle liegt, die eindeutig die unsere ist!

"Wir sind hilflose Opfer unserer eigenen Wünsche und Bedürfnisse".

Das Endziel

Die meisten Menschen, da werden Sie mir sicher zustimmen, machen alles halbe-halbe, und die Gründe dafür wurden bereits dargelegt.

Sie schöpfen ihr volles Potenzial nicht aus, vor allem weil sie die Macht des Geistes nicht verstanden haben.

Wir werden oft zu Dingen hingezogen oder gezwungen, die uns Schmerzen bereiten. Vorübergehende Vergnügungen bringen Traurigkeit, und folglich sind die meisten von uns aus Angst oder sogar aus Mangel an Vertrauen "gezwungen", das Handtuch zu werfen.

Dies muss nicht der Fall sein, denn dieses Buch gibt Ihnen die Möglichkeit, diese Hindernisse zu überwinden, indem es Worte liefert, die so kraftvoll sind, dass Sie Ihre Umstände ändern können. Es ist an der Zeit, sich die Grafiken in Ihrem Kopf sehr genau anzusehen.

Nach der Introspektion ist es jetzt an der Zeit, den Schmutz zu entfernen und mit Hilfe der Macht der Unterscheidung zu unterscheiden, was Ihnen dauerhaftes Glück statt Traurigkeit bringt.

Unterm Strich müssen Sie die Kontrolle über Ihre Gedanken ausüben.

Das Folgende soll Sie auf Ihrer Reise zu Reichtum, Gesundheit und Glück begleiten.

- Vermeiden Sie es, auf all den schlechten Dingen, die Sie getan haben, herumzureiten.

- Schlechte Handlungen immer und immer wieder zu wiederholen, wird zur Gewohnheit. Achten Sie nur darauf, diese Aktionen nicht noch einmal zu wiederholen.

- Betrachten Sie sich nicht als Versager. Nutzen Sie Misserfolg als Mittel zum Erfolg - geben Sie nicht auf, bis Sie das gewünschte Ziel erreicht haben.

- Sie müssen die Rillen der schlechten Gewohnheiten, die Sie durch die Schaffung guter Gewohnheiten geschaffen haben, ausradieren. Wenn Sie faul sind, beschließen Sie, positiv aktiv und durchsetzungsfähig zu sein - setzen Sie sich Aufgaben oder Ziele und stellen Sie sicher, dass Sie diese erreichen.

Die Tatsache, dass wir uns dem Wandel widersetzen, zeigt, dass wir unsere eigenen

"Komfortzonen" haben, und dies ist das Ergebnis unserer Gedanken. Warum widersetzen wir uns dem Wandel? Die einfache Antwort auf diese Frage ist die Angst vor Veränderungen.

Veränderung bedeutet, dass wir das, was für uns "richtig" ist, loslassen müssen.

Bleibt die Frage: Was ist das Beste für Sie? Das ist eine schwierige Frage, und die Antwort lautet: Solange wir nicht völlig mit uns selbst zufrieden sind, ist selbst ein Millionär, der eine zusätzliche Million will, ein Bettler. Wie viele von uns sind glücklich?

Wir suchen nach sofortigen Ergebnissen, und wenn wir die Ergebnisse nicht "sehen" können, werden wir entmutigt und geben auf. Ich bin der Überzeugung, dass, wenn man etwas aus den richtigen Gründen will, dann hält einen nichts davon ab, es zu bekommen - das ist das ewige Gesetz.

Wegbereiter für den Erfolg

Ich habe dieses Buch mit nur einer Absicht geschrieben, und das ist, Ihnen dabei zu helfen, die Macht des Geistes zu verstehen und Ihnen letztendlich zu helfen, sie zu verwirklichen.

Was Sie bald entdecken werden, ist eine Reihe von Schritten, die Sie sehr strikt befolgen müssen, um Ihren tiefsitzenden Wunsch zu bestimmen. Diese Schritte sind keine monumentalen Aufgaben, sondern einfache Richtlinien, die Ihnen den Einstieg erleichtern sollen.

1. An sich selbst und an die Kraft der Affirmationen glauben. Erfolgreiche Menschen werden durch den ständigen Einsatz ihrer Willenskraft erfolgreich.

Fürchten Sie sich nicht vor Rückschlägen in der Anfangsphase. Verwandeln Sie Misserfolge in Erfolge durch Weisheit, Stärke und Glauben.

2. Glauben Sie an die Philosophie des "einfachen Lebens und hohen Denkens".

3. Halten Sie niemandem etwas vor. Bemühen Sie sich, Ihre früheren Beschwerden zu überwinden und weiterzumachen. Versuchen Sie, allen zu verzeihen, "Schmerz hilft nie".

4. Ehrlichkeit ist die goldene Regel. Beobachten Sie die Stille, meditieren Sie und beseitigen Sie alle negativen Tendenzen in Ihrem System (d.h. Eifersucht, Ego, Hass, Angst usw.). Halten Sie sich an die folgenden Prinzipien: Liebe, Wahrheit, Gerechtigkeit, Frieden und Gewaltlosigkeit (Sie dürfen mit Ihren Worten, Taten und Gedanken niemanden verletzen).

Mit absoluter Entschlossenheit ist es wichtig, dass Sie für Ihren Erfolg mit Menschen zusammenarbeiten, die bereits erfolgreich waren.

Um den Zweck dieses Buches zu verstehen, ist es von entscheidender Bedeutung, die folgenden Punkte zu untersuchen. Es wird Ihnen jetzt mehr Sinn machen, warum Erfolg oder Misserfolg davon abhängt, wie Sie sich selbst definieren:

BILD: Je besser Sie sich in Ihrem Selbstbild fühlen, desto größer sind Ihre Erfolgschancen. Bild bedeutet nicht unbedingt Erscheinung; es hat auch eine tiefere Bedeutung und konnotiert Reflexion.

Das Bild, das Sie vielleicht von sich selbst haben, kommt eher von dem, was Sie von sich "denken". Das interne Umfeld, das ich oben besprochen habe, kann eine entscheidende Rolle bei der Festlegung Ihres Endziels spielen.

EMOTIONEN: Es ist offensichtlich, dass unsere Gedanken und Gefühle, die subtil sind, einen großen Einfluss auf unser Leben haben. Die beste Möglichkeit, diesen subtilen Kräften entgegenzuwirken, ist, während der Meditation und Entspannungsübungen Stille zu üben.

Es ist ratsam, eine Art Übung zu machen, um den Geist positiv aktiv zu halten. Der zweite Nutzen ist natürlich die Gesundheit. Ein gesunder Körper dient als perfektes "Vehikel" für gute Leistungen.

Jeder Mensch sucht das Glück im Leben. Jetzt wird das gleiche Glück, das wir suchen, zu einer Freude, die wir einmal gefunden haben. Diese Freude kann die "Glückseligkeit" allein dadurch übertreffen, dass sie eingegliedert wird.

LIEBE: Sie müssen die Liebe teilen in dem, was Sie tun, und Sie müssen das lieben, was Sie täglich in Ihrem Leben erreichen. Gehen Sie in der Stille der Nacht in sich und lernen Sie, Ihr Leben zu verbessern (in Worten, Taten, Gedanken und Handlungen) und danken Sie der höchsten universellen Energie.

Zusammen mit dem oben Gesagten sind gute Kommunikationsfähigkeiten, Interaktion und gute Beziehungen der Weg in die Zukunft - dies ist letztlich die Essenz der Tugenden und des Charakters, die Sie erfolgreich machen werden.

Entwickeln Sie eine harmonische Persönlichkeit, und erinnern Sie sich an das, was am Anfang erwähnt wurde, verwenden Sie immer liebevolle Worte - Worte können Frieden bringen oder einen Weltkrieg auslösen.

Wenn Sie Ihren Geist effektiv konditionieren, können Sie die Früchte ernten. Es ist eine sehr gute Praxis, die täglichen Gedanken kurz vor dem Schlafengehen zu überprüfen und dies in Ihr Fortschrittsbuch einzutragen.

Setzen Sie sich täglich Ziele und Zielvorgaben und arbeiten Sie daran, bis Sie diese erreichen.

Zeit ist das kostbarste Gut im Leben, nutzen Sie sie weise - verlorene Zeit ist verlorenes Leben. Wenn Sie sich entscheiden, in Ihrem Leben Erfolg zu haben, stellen Sie sicher, dass Sie keine widersprüchlichen Gedanken haben. Wenn Sie lernen, die unerschöpflichen Kräfte in sich selbst bewusst zu kontrollieren und damit umzusetzen, können Sie viel mehr erreichen.

Sprache ist nichts anderes als der Ausdruck von Gedanken und Erfahrungen.

Kommunikation spielt eine entscheidende Rolle für Ihren Gesamterfolg, ganz zu schweigen von Ihrem täglichen Leben. Durch die Macht des Wissens können Sie bestimmte Ziele erreichen, denn das Geheimnis unserer Stärke liegt in unserem Wissen. Wenn Sie eine Idee haben, die realisierbar ist, müssen Sie sich hundertprozentig darauf konzentrieren.

Erzählen Sie der Welt nichts davon - es besteht keine Notwendigkeit für eine solche "Show". Denken Sie darüber nach und machen Sie daraus ein "Produkt", das eine solide Grundlage hat. Ohne ein solides Fundament hat ein Gebäude keine Chance zu stehen.

Das Gesetz des Wohlstands

Der Erfolg des Begehrens und all der anderen guten Dinge im Leben kann nicht schaden, aber die gesicherte Ruhe, der Wunsch, der zu dem anhaltenden Gefühl des Mangels oder der Unvollständigkeit führt, kann gefährlich sein.

Wenn der Wunsch aus irgendeinem Grund zu schlaflosen Nächten und Frustration führt - es ist an der Zeit, damit aufzuhören, was immer Sie gerade tun.

Zufriedenheit ist der einzige wirkliche Faktor, um Ihren Überfluss zu bestätigen. Egoistischer Wunsch führt zum totalen Scheitern!

Das geistliche Gesetz ist sehr mächtig.

Dennoch sollten Sie sich bemühen, die folgenden Prinzipien täglich in Ihrem Leben zu befolgen. Seien Sie immer gut zu allem um Sie herum, seien Sie nicht hinterhältig und betrügerisch. Kümmern Sie sich um Ihr Ego und seien Sie wahrhaftig und aufrichtig.

Rücksichtnahme ist unglaublich wichtig, also denken Sie immer an die Menschen, die nicht so viel Glück haben, und reichen Sie denen, die es verdienen, Ihre helfende Hand, so weit Sie können.

Ihren Geist zu trainieren, um große Höhen zu erreichen, ist keine schwierige Aufgabe. Vergeuden Sie in Ihrer Freizeit nicht Ihre Energie; verbringen Sie stattdessen Zeit damit, über die Kraft Ihres angeborenen Selbst nachzudenken.

Meditieren Sie täglich und visualisieren Sie Ihren Erfolg und Ihre Ziele. Meine Freunde, die Macht des Geistes ist einfach erstaunlich, Tatsache ist, dass wir nicht einmal

10 Prozent davon in unserem täglichen Leben - stellen Sie sich nun, basierend auf diesem wissenschaftlichen Verständnis, vor, was Sie erreichen könnten, wenn Sie die verbleibenden 90 Prozent nutzen würden.

So wie man Lebensmittel schmeckt, wenn man sie kaut und schmeckt, so tut man jede einzelne Handlung mit einem Gefühl der Dankbarkeit und tut sie bereitwillig und vor allem mit Freude.

Folgen Sie **NICHT** blind jedem kleinen Impuls, lernen Sie nachzudenken und zu unterscheiden zwischen dem, was vorübergehend und flüchtig ist, und dem, was dauerhaft ist, dem, was wesentlich ist, und dem, was nicht wesentlich ist, dem, was angenehm ist, und dem, was nicht angenehm ist.

Selbstüberwindung wird uns das geben, wonach wir suchen. Es sollte betont werden, dass Ausgewogenheit auch ein wesentlicher Bestandteil Ihres Strebens nach Erfolg und Wohlstand ist. Sie sollten Zeit für sich und Ihre Familie oder die Familie Ihres Angehörigen einplanen. Dauerhaftes Glück muss unabhängig von einem sich verändernden Umfeld sein.

Werden Sie in Ihrem Streben nach Erfolg nicht zu einem Workaholic oder einem "wohlhabenden Unternehmer", damit dies Ihrer Beziehung und noch weniger Ihren Versuchen, im Leben wirklich erfolgreich zu sein, nicht schadet.

Weichen Sie nicht vom Pfad der Gerechtigkeit oder des Naturgesetzes ab. Es macht großen Spaß, Zeuge von Erfolg und

Reichtum zu sein, und die Freude, die daraus erwächst, steht außer Frage. Wenn jedoch Glück, Freude und Erfolg auf einmal auf Kosten Ihrer Gesundheit kommen, dann ist das, so fürchte ich, eine schreckliche Verschwendung.

Der Weg zum Reichtum führt über die folgenden Tugenden, die unsere wahre Natur sind und die nicht nur im Menschen, sondern in allem um ihn herum zu finden sind: Wahrheit, Gerechtigkeit, Frieden, Liebe und Gewaltlosigkeit. Fragen Sie sich, ob alle Menschen diese Attribute konsequent anwenden würden - die Welt und ihre Bewohner würden gedeihen.

Wir müssen an all unsere Arbeit (einschließlich der Probleme) oder Aufgaben mit geballter Energie herangehen und sie so mit absoluter Perfektion ausführen. Streben Sie danach, alle Dinge (ob klein oder wie klein auch immer eine Aufgabe oder Arbeit ist) auf außergewöhnliche Weise zu tun. Erledigen Sie all Ihre Arbeit und Ihre Pflicht mit LIEBE und Begeisterung und beobachten Sie die Ergebnisse. Versuchen Sie nie etwas auf halbem Wege; Sie werden im Leben nicht vorankommen.

Die Macht der Worte

Die Macht der Worte kann einen sehr starken Einfluss auf unseren Verstand und unser Leben haben.

Bevor wir fortfahren, möchte ich Sie bitten, über die folgende Frage nachzudenken: Kann jemand jederzeit schweigen?

Lassen Sie niemanden wissen, was in Ihrem Herzen und Verstand ist, aus dem einfachen Grund, dass Sie sich weder verbal noch emotional ausdrücken können. Ich kann jedoch mit Sicherheit sagen, dass jeder von uns ein stiller Redner ist. Wir sprechen auf viele Arten und in vielen Situationen zu uns selbst, manchmal werden wir verletzt, und manchmal bringt schweigendes Reden ein wunderbares Lächeln auf unser Gesicht!

Deshalb ist Kommunikation im Leben sehr wichtig. Worte sind mächtig und können, je nachdem, wie sie gesprochen werden, unsere täglichen Denkprozesse, Handlungen, Verhaltensweisen und unsere Lebensauffassung als Ganzes beeinflussen.

Natürlich ist die Wirkung, die Worte haben können, je nachdem, wie sie verwendet werden, ganz unglaublich, sie können dazu dienen, zu überzeugen, zu informieren, zu verletzen, Schmerzen zu lindern oder sogar einen Krieg zu beginnen! Worte, die mit großer Emotion gesprochen werden, haben die Kraft, Veränderungen herbeizuführen, die den Heilungsprozess des Körpers beschleunigen können!

Diese enorme Kraft liegt in der Bedeutung der Worte, in dem, was sie für den Menschen, der sie hört, bedeuten. Viel mehr als nur Kommunikation, Wahrheit, Falschheit und die unendlichen Nuancen zwischen ihnen, haben Worte die Macht, das Denken und Verhalten anderer Menschen zu manipulieren.

Es ist unsere Interpretation der Worte, die die eigentliche Ursache unserer emotionalen Reaktionen ist.

Worte, die sanft, selbstlos, unschuldig und mit absoluter Liebe gesprochen werden, sind jene, die unauslöschlich in unserem Wesen verankert sind und aus denen sie ihre ergreifende Wirkung auf die Seele entfalten. Daher ist es sehr wichtig, Wörter zu jeder Zeit und in jeder Situation selektiv und angemessen zu verwenden.

Die moderne Wissenschaft beginnt die mächtige Wirkung zu schätzen, die Worte auf unseren Körper haben können, wenn sie in Form von Sätzen oder sogar Affirmationen verwendet werden. Wussten Sie, dass wir durch bewusste Anstrengung eine sehr starke Willenskraft in uns selbst erzeugen können?

Affirmation für den Erfolg:

Ich werde es unermüdlich verfolgen, denn es ist mein Geburtsrecht, erfolgreich zu sein. Ich bin mächtig und werde das, was ich brauche, in dem Moment erreichen, in dem ich es brauche. Ich bin dazu bestimmt, die Früchte meiner Taten zu ernten, und ich werde meine Freude über den Erfolg mit allen, die ich kenne, teilen.

Vorteile der Affirmationen

- Selbstachtung und eine positive Einstellung

- Hilft Ihnen beim Erreichen von Zielen und Vorgaben

- Verbessern Sie Ihr Gedächtnis und Ihre Fähigkeiten

- Hilft bei der Schaffung eines inneren Selbstwertgefühls (Willenskraft, Selbstvertrauen und Charakter)

- Sie kann Ihnen helfen, sich spirituell weiterzuentwickeln

Worte, die mit Sanftheit und Liebe gesprochen werden, werden attraktiv sein und sofortige Bewunderung hervorrufen. Reichtum ist an sich ein Wort, und an sich bedeutet es nichts.

Der einzige Faktor, der dem Wort Reichtum verleiht, die Bedeutung, ist der Intellekt. Die Fülle an Informationen ist nirgendwo zu finden, aber sie ist jederzeit in uns. Der Intellekt wird durch Logik kultiviert, und der Hauptpunkt ist, dass trockene Logik und Philosophie oft kontraproduktiv sein können.

Deshalb ist es wichtig, effektiv zu kommunizieren, denn im Streben nach Reichtum müssen Sie Ihr Unternehmen oder Ihre Firma durch Kommunikation (Worte) verkaufen.

Kommunikation allein wird jedoch nicht Ihrem Erfolg entsprechen.

Die Kraft der bedingungslosen Liebe

Es scheint mir, dass die Menschen den wahren Wert, die Bedeutung und die Definition des Wortes Liebe vergessen haben.

Man kann ausrufen und sagen, was Liebe mit Reichtum zu tun hat! Es ist natürlich schwierig, die wahre Liebe zu definieren, lassen Sie mich erklären, sagen wir, Sie wollen schwimmen lernen, Sie lesen Bücher über die Kunst, ein guter Schwimmer zu werden, aber bis Sie unter Anleitung in den Pool springen, hat die wahre Bedeutung des Schwimmens keinen wirklichen Wert oder Bedeutung.

Man muss die Frucht probieren, um ihren wahren Geschmack zu kennen, wie das Sprichwort sagt.

Selbstsüchtige Liebe, die in Begierden verwurzelt ist, die in keiner Weise harmonisch sind, ist am schädlichsten, und wenn Sie sich durch Täuschung, Verleumdung und gegen alle edlen und ethischen Grundsätze in die Erreichung Ihrer Ziele vertiefen, sollten Sie dieses Buch besser behalten.

Diejenigen, die die Liebe verstehen, leben in Harmonie, und es ist ganz natürlich, dass diese Menschen das anziehen, was sie erreichen wollten.

Die größte Anziehungskraft in jedem Sinne des Wortes, sei es eine Beziehung, ein Geschäft oder eine Freundschaft, ist die Liebe.

Als angehender Unternehmer sollten Sie daran denken, dass die Anziehungskraft der Liebe unglaublich ist: Sie müssen Mitgefühl üben und zusehen, wie Ihr Unternehmen wächst und gedeiht.

Bei der Erzielung jeglicher Form von Erfolg im Leben ist es wichtig, dass Sie, egal was passiert, Ihren Erfolg niemandem aufzwingen - vermeiden Sie Egoismus, Stolz und zwingen Sie niemandem Ihre Macht auf - es ist ein Fehler, dies zu tun.

Es ist entscheidend, dass Sie, wenn Sie reich werden, Ihre neu erworbene "Macht" nicht missbrauchen. Wenn Macht richtig eingesetzt wird, wissen Sie, dass Sie Ruhm erlangt haben.

Letzte Gefühle

Dieses Buch wurde geschrieben, um Ihnen zu ermöglichen, die angeborenen latenten Kräfte zu erkennen, die in jedem von uns schlummern.

Gelegenheitssuchende können es sich nicht wirklich leisten, sich "auszusuchen", sondern müssen lernen, jede kleine Chance, die sich ihnen bietet, zu nutzen.

Nutzen Sie als Suchender Chancen, die das Potenzial haben, zu einem unverzichtbaren Tor zum Erfolg zu werden: Es geht darum, kalkulierte, kontrollierte, gemessene und informierte Risiken einzugehen.

Wohlhabende Personen haben sich ihre eigene Karriere geschaffen, weil sie wirklich an den Erfolg glauben.

Das sind Personen, die nicht aufhören können, bis sie Erfolg haben. Sie werden nur zu Rebellenkämpfern, um ihr unbeirrbares Ziel zu erreichen - sie sind disziplinierte Krieger, die ihre Waffen der Wahrheit, Ehrlichkeit, Aufrichtigkeit, des Mitgefühls, der Entschlossenheit, der Macht, des Prinzips, der Rechtschaffenheit, der Weisheit, des Glaubens, des Selbstvertrauens, der Kreativität, der Stärke und des Geschicks schwingen, um die Höhen schlechthin zu erreichen.

Das Leben funktioniert streng nach den unverbesserlichen Naturgesetzen. Der Grund dafür ist, Effizienz zu etablieren, und im Rahmen des Gesetzes kann der rationale Intellekt im Menschen zu größerer Effizienz entwickelt werden.

Sie sind jedoch bereits reich, weil es ihnen an Verständnis für ihre mächtigen angeborenen Qualitäten mangelt. Diese Attribute, die im Überfluss vorhanden sind, haben nicht die Dynamik gefunden, sich auszudrücken und zu manifestieren.

Schließlich sollten Sie das Leben nicht zu ernst nehmen. Das Leben ist eine Reise, die uns allen ermöglicht wird, und wenn wir bereit sind, uns selbst die Möglichkeit zu geben, zu wachsen, dann kann das Leben eine wunderbare Erfahrung sein. Es macht viel Spaß, vor allem, wenn man seinen Prinzipien der Regierungsführung religiös folgt.

Seien Sie jederzeit glücklich, wenn Schwierigkeiten auftauchen, lachen Sie darüber, und nutzen Sie die dynamische Willenskraft in Ihnen, um sie zu bekämpfen. Wie bereits an anderer Stelle erwähnt, ist der

Körper und insbesondere der Geist wirklich ein erstaunliches Werkzeug, das wir haben.

Der Zustand völliger Ruhe ist möglich, und es gibt immer mehr Beweise für die Größe, die von gewöhnlichen Menschen im Laufe der Geschichte erreicht wurde - es ist an der Zeit, dass Sie die Kräfte Ihres Geistes einsetzen, um Ihre Wünsche zu verwirklichen.

Besuchen Sie unsere Website! Holen Sie sich weitere Bücher von MENTES LIBRES!

https://www.amazon.de/MENTES-LIBRES/e/B08274DDV4?ref_=dbs_p_ebk_r00_abau_000000

Wenn Sie möchten, können Sie Ihren Kommentar zu diesem Buch hinterlassen, indem Sie auf den folgenden Link klicken, damit wir uns weiter entwickeln können! Vielen Dank für Ihren Kauf!

https://www.amazon.de/dp/B0893JNT9G